JUGO DE PALABRAS

ExLibric

ALFREDO PEREG IBERO

JUGO DE PALABRAS

EXLIBRIC
ANTEQUERA 2024

JUGO DE PALABRAS
© Alfredo Pereg Ibero
Diseño de portada: Dpto. de Diseño Gráfico Exlibric

Iª edición

© ExLibric, 2024.

Editado por: ExLibric
c/ Cueva de Viera, 2, Local 3
Centro Negocios CADI
29200 Antequera (Málaga)
Teléfono: 952 70 60 04
Fax: 952 84 55 03
Correo electrónico: exlibric@exlibric.com
Internet: www.exlibric.com

ISBN: 978-84-10297-20-3
Depósito Legal: MA 1968-2024

Impresión: PODiPrint
Impreso en Andalucía – España

Nota de la editorial: ExLibric pertenece a Innovación y Cualificación S. L.

ALFREDO PEREG IBERO

JUGO DE PALABRAS

Para Andrea

Para Blanca, en memoria.
Blancarentzat, oroimenez.

Prólogo de Ana Martínez Mongay

«Me haría ilusión que te exprimieras la mollera». Estas fueron las palabras con las que Alfredo Pereg me pidió, amable y desenfadadamente, que escribiera el prólogo a este su poemario, *Jugo de palabras*. Y sin duda el encargo fue ajustado a la empresa como tal, porque los poemas de este libro no son fáciles de clasificar, ni su análisis —sencillo en apariencia— lo es en realidad, ni siquiera su estructura es lo que parece. El autor compone con estilo propio bajo el postulado de la incongruencia, que junto con la relevancia (cooperación necesaria entre emisor y receptor para descifrar el mensaje, más allá del código) y la ironía constituyen las bases de la lingüística del humor. Incongruencia en el propio título, que no se corresponde exactamente con lo que vamos a encontrar. No se trata sólo de un juego de palabras en el que se exprime al máximo el concepto que éstas encierran, provocando una carcajada esperable, facilona, sino que propicia más bien una sonrisa, un punto de vista irónico, amargo a veces, de la vida. Sorprende la incoherencia porque sabemos que Pereg la causa de forma consciente. Así pues, el humor, presente desde los orígenes en la literatura, actúa como catarsis ante los hechos más relevantes de nuestras vidas: la muerte, el dolor, la soledad, el amor, la moral… Temas clásicos que están muy presentes en los poemas de *Jugo de palabras* vistos con la agudeza, la perspicacia, el ingenio y la originalidad de su autor.

El libro se divide en tres partes diferenciadas. La primera, la más extensa, titulada *«Reituri te salutam»*, consta de 222 epigramas agrupados en once apartados, nominados con palabras derivadas a partir de la raíz *humor-* y una particular definición. La segunda, «Anuncios falsificados», contiene cuarenta epigramas, mientras que la tercera, «Poesía risueña», se compone de ocho poemas breves escritos en versos libres.

Si bien en la primera parte los poemas o versículos comparten las características del género helenístico (a saber, su forma concisa, que expresa un pensamiento ingenioso), los temas son más variados que en la segunda y tercera partes. El tono también varía en consonancia con los temas de esta primera parte, oscilando entre la sátira, la tristeza o la solemnidad:

> *Canto mal, a ti te gusta, yo me siento bien. Al resto del mundo le horroriza mi bienestar.*

> *Si cuando me refiero a ti no se iluminan mis ojos es que te están recordando, humedecidos.*

*Es esencial que existan entradas y salidas neu-
trales en ambos lados del puente de la confrontación.*

Quedaría incompleto este breve análisis sin destacar
aquellos poemas que se encuentran cargados de ingenio, en los que la creación de palabras por derivación,
el lenguaje conversacional y el uso de los adjetivos son
dominados con maestría por Pereg:

*Se dirigió al conferenciante diciendo: «No me
gustan sus teorías sobre la pandemia, ni su forma de
mirarme»; mientras, le informaban de que era virólogo.*

*Iracundo y poco diestro con la ternura, volvió a
contar con todo tipo de detalles el accidente, con un
fallecido. No tenía mano izquierda.*

*Me comentó: «Me ilusiona abrir la puerta y
encontrarte al otro lado».
Le contesté: «Nunca tocaría el timbre a sabiendas de que no fueras tú quien la abriera».*

En la segunda parte se aligera el contenido, al igual
que la propia evolución del género epigramático, que
nació en Grecia como epitafios sobre las tumbas, pasando posteriormente a adquirir un carácter más satírico sin

descartar nunca el ingenio en este desarrollo. El autor ha elegido con acierto la fórmula del anuncio clasificado (falsificado), con la que consigue llamar eficazmente la atención del lector y obtener más de una sonrisa:

Se necesita una profesora de claqué para Asociación de Personas Nerviosas.

Empresario cede su parte en empresa familiar de papel higiénico. Sin malos rollos.

Estudio de cine necesita ladrón ronco para interpretar cacofonías.

Da la impresión de que los sentimientos del poeta también van cambiando a lo largo de las tres partes: de la sentencia a veces amarga, a veces solemne, metafísica en ocasiones, irónica en otras, hemos pasado a la sátira cargada de ingenio y humor. El autor conoce bien todos los registros en los que expresa sus sentimientos, quizá con timidez, pero sin duda con sinceridad.

Finaliza, en consecuencia, en un tono más positivo y alegre en la tercera parte. Para «Poesía risueña» Pereg elige, de nuevo, una forma adecuada: breves poemas en versos libres que tienen como protagonistas a los objetos. El uso de la personificación crea situaciones cómicas que, sin embargo, encierran alguna enseñanza y mucha ternura, como ocurre en el último poema del libro, broche final, paradójico a la par que precioso canto al amor:

CONFIANZA

A Violeta

Confianza es preguntar
si tiene un vibrador en la mesilla,
colocar los pies desnudos en su espalda
aunque hielen,
tirarse un pedo bajo el edredón
sin arrepentimiento,
conforme le dices te quiero.
[...]
Es saber que te atrapará
cuando saltes al vacío.

Sin duda, la lectura de *Jugo de palabras* no dejará a nadie indiferente: habrá quien se deleite y habrá quien reflexione, quien se divierta y quien adquiera sabios consejos, quien se emocione y quien «se exprima la mollera», como le gustaría a su autor, Alfredo Pereg.

I

REITURI TE SALUTAM

«Ríe y el mundo ríe contigo,
ronca y dormirás solo».

Anthony Burgess

Humorología: estudio del humor

1. Era muy formal y cumplidora, se saltó una regla y nací yo.

2. Caigo al vacío. Está lleno.

3. Tenía mucha hambre, se puso las botas, llovía.

4. Aquella puerta chirriaba cuando nos convenía. Formaba parte de la traición.

5. Le costaba reconocer cualquiera de sus errores. No le sonaban de nada.

6. Era exquisito hasta en el insulto; antes de llamarte «idiota», te hacía sentir como tal.

7. Volvimos a reencontrarnos. En la oscuridad encendiste una vela, después otra, más tarde muchas otras. Concluimos que teníamos que vernos más.

8. En esa pastelería atendían con tanta dulzura a sus clientes que en la degustación los pasteles parecían insípidos.

9. Se dirigió al conferenciante, diciendo: «No me gustan sus teorías sobre la pandemia, ni su forma de mirarme». Mientras, le informaban de que era virólogo.

10. Esa noche no se hallaban en la dehesa y fue a buscarlos. Oyó un ruido en la espesura y ahí estaban, la vaca y el toro, haciendo novillos.

11. En otoño, para que me salgan bien las cosas, en el bosque, consumo cucharadas de miel sobre pequeñas hojas, miel sobre hojuelas.

12. Me sorprendió que cuando marchábamos en tándem en bicicleta, me preguntara si le seguía en Twitter.

13. Era tan instruida e ingeniosa, que leyó la teoría de Descartes y se quitó quince años.

14. La gallina entró cantando al gallinero y le salió un gallo.

15. Era una sala de espera peculiar: al que no le faltaba una mano o un pie, era tuerto o carecía de brazos. Se reunían una vez al mes y raro era el día que no faltara alguno de sus miembros.

16. Nunca me he podido dormir contando ovejas, siempre me falta alguna.

17. Era tan desprendida que siempre prestaba atención.

18. Cuando has creído llegar a lo más alto en la vida, descubres lo mucho que te cuesta cortarte las uñas de los pies.

19. Aquel cura tenía el hábito de persignarse tres veces. También rebosante de manchas.

20. En varias ocasiones me retorcí el mismo tobillo en el mismo hoyo. Sigo sin tener la lesión aprendida.

Humoralizante: cuestión de buenas maneras

21. No voy a contestar diciendo algo dulce, prefiero dejarle con la miel en los labios.

22. Te lo digo en serio, lo siento en broma.

23. Le gustaba tanto destacar que se apuntó a camarero para dar la nota.

24. Acudió a la cita para escuchar lo que se publicitaba como el mejor solo del mundo. Fue arrancar a la trompeta y quedarse la sala vacía. Lo había vuelto a conseguir.

25. Cuando se emborrachaba, no distinguía quién era quién de las cuatro gemelas.

26. Al oírla estornudar, le dio un vuelco al corazón: ¿el amor es–Cupido?

27. Llegó a sentirse tan gordo que el psiquiatra le diagnosticó doble personalidad.

28. No voy a volver a la nueva frutería, tienen muy mala uva.

29. Me gusta la pintura, lectura, escritura, es cultura.

30. Iracundo y poco diestro con la ternura, volvió a contar con todo tipo de detalles el accidente, con un fallecido: no tenía mano izquierda.

31. Entró en la clase de canto, la puerta era estrecha.

32. Se me despegaron las sábanas cuando estábamos a punto de besarnos.

33. Con cara de pocos amigos cogió el brazo con el clavo en la mano. Siempre le tocaba armar el Cristo.

34. Nadie sabía a dónde había dirigido sus pasos. A los días lo encontraron desangrado, con una atinada herida en la garganta. Sin huellas, sin testigos, sin cámaras. Una coartada perfecta.

35. Un usurero se arruinó y solo supo decir «no doy crédito».

36. Oí la esencia del golpeo de aquella ventana contra el atril del nuevo piano y presté atención a la agonía del estribillo al cerrarla.

37. Para él, estar rodeado de deudas lo resumía en que el deber le llamaba.

38. El sonido al pisar una cabeza de ajo es un crujir de dientes.

39. Como era de llevar la contraria, tras el susto le entró el hipo.

40. Dónde quedaron aquellas noches de pasión, esos intensos revolcones, para más tarde intercambiarlos por enojos y reproches. De aquellos polvos vienen estos lodios.

Humorosidad: reírse con parsimonia

41. Volvió a verla treinta años más tarde. La misma cómplice mirada, los mismos hoyuelos, la misma atrayente sonrisa y ambos cojeando del mismo pie.

42. Dime con quién andas y te diré si estás solo.

43. Si un mal día le anuncias «me voy» y te inquiere a gritos con las manos levitando, «cómo que te vas, cuándo, con quién», sin preocuparse de por qué, es que no te quiere.

44. Ahí estaba el malestar, escondido, con la paciencia de quien espera hacer daño.

45. Cuando te cercioras de que estás más lejos del principio que del final, se inicia la fase de las preguntas y muchas respuestas no te gustarán.

46. En ocasiones es mejor que te griten a que te hagan bromas sobre tu forma de pensar.

47. Al coincidir los caminos, se iluminó su ansia. Al barruntar la despedida, no se le resistieron las lágrimas y le quedaron recuerdos para evocar su memoria.

48. Una noche de excesos se vio inmerso en un desafío en el que le tocó morir. Las armas no eran lo suyo, ya se lo advirtió su padrino: «No elijas el sable, elige la disculpa, aunque te tomen por un cobarde». Su mujer tampoco llevó bien el duelo.

49. Contrariada al ver a su jefe en el arcén, convencida de que venía a despedirla, no se asomó a la ventanilla.

50. Me gusta hablar, aunque no tenga algo interesante que decir. Lo mismo me pasa cuando escucho.

51. Ocultaba la verdad de tal manera que parecía mentira que la escondiera doblando sus palabras con todo cuidado. Aun así, las arrugas lo delataban.

52. Entre los dientes y labios ceñidos para la ocasión, su despedida sonó a pitorreo.

53. Podrás seguir luchando sin necesidad de arrepentirte si cada equivocación la disfrazas de un buen intento.

54. Se tolera el dolor si lo saludas cada día.

55. Vivían la vida como si pertenecieran a una tribu de jíbaros. Se les fue reduciendo la cabeza hasta no tener opinión propia.

56. Cuando el que está frente a ti no consigue entenderte, prueba a cambiar de graduación tus expresiones.

57. Seguí a mis ojos en un insólito despertar, me encaramé cansado, con el desasosiego sin concluir.

58. Las parejas se camuflan entre problemas y consuelos. Nosotros somos una piña.

59. Después de tantos años volvimos a vernos en nuestro rincón, en aquel antiguo café de barrio. No nos reconoció Dámaso, aburrido de esperar a los viejos clientes.

60. Cuidado con ese plato. Me lo regaló una buena amiga y viaja siempre conmigo. El plato también.

Humorada: que cambia de color o de vivienda

61. Canto mal. A ti te gusta, yo me siento bien. Al resto del mundo le horroriza mi bienestar.

62. Estaban ya presentes en la sala un gran número de aspirantes al puesto de director regional. Como le habían aconsejado, entró pisando fuerte. Al instante, escuchó el crujir de las cucarachas.

63. Sus planteamientos parten de unos puntos de vista diversos, no faltos de instinto, que igual que vienen se van. No existe la verdad incuestionable.

64. La utopía y la agonía rivalizan entre lo ficticio y lo auténtico, hasta llegar a un punto marchito.

65. Si en alguna ocasión te toca bajar la cabeza, no fuerces la postura y así no tropezarás con la humillación.

66. Le contaba múltiples breves historias de plastilina, sin darle tiempo a modelar su existencia.

67. Al reunirse con las luces, consensuó con las sombras morir la vida sin vivir la muerte.

68. En ocasiones hay sueños que llegan tarde y no se pueden evocar ni resumir. Son sueños entre sueños que se desquitan de los que no saben cuidarlos.

69. No es necesario querer ir siempre el primero, en ocasiones podemos perder la cabeza.

70. Deseaba torear los malos momentos y mandar al cuerno la nostalgia.

71. Muchos recuerdos para quien dice reírse de un cuadro, mientras no sea él el pintor.

72. Te invité a vivir y no acudiste. No hacía viento, pero me lo tomé como un desaire.

73. La vio muy cerca del precipicio, sonriente, hermosa. Cogió una botella del mejor vino y, ante la tentación, la dejó caer.

74. Durante un examen de conciencia se abrió el suelo a sus pies y quedó suspendido.

75. Era un ladrón de consejos. Los malos los escondía, los buenos los hacía propios.

76. Tener opinión es conveniente, opinar de todo no es obligado.

77. Se dirigía a impartir una de sus asignaturas de Filosofía y Hábitos del Pensamiento, cuando uno de los colegas se empeñó en lisonjearle con expresiones como «qué buen carácter posees», «eres de un estilo caballeroso», «qué toque de distinción». Le tuvo que cortar con un «sí que tengo clase», y se marchó echando pestes.

78. Cuando el cansancio se apodera de ella, la perenne sonrisa se convierte en mueca.

79. La luminosa mañana os enferma, la noche os cura.

80. Cansado de quejarme, quiero dirigir el foco hacia la trastienda de los pasos dados.

Humortajado:
humor enrollado

81. Es esencial que existan entradas y salidas neutrales en ambos lados del puente de la confrontación.

82. Cada mañana, mi voluntad de cristal se hace añicos al comprender que no volverá. Basta una mirada en desuso para desistir de un deseo irreal.

83. Llega un momento en el que las dudas no nos dejan avanzar, si las respuestas no coinciden con las preguntas.

84. Le gustaba provocar sonrisas y paseaba con cien saltamontes al mismo tiempo.

85. En ocasiones, empecinarse en no ver la realidad es sinónimo de sosiego.

86. Cuando crees conocer bien a alguien, puede resultar un espejismo. Así describo la palabra «desilusión».

87. Si me muevo en una balsa de aceite es posible que todo me resbale.

88. El sacerdote, muy aficionado al cine, dando unos golpecitos al micrófono, bramó: «¡Silencio, se ruega!».

89. Ya no se ven vestigios de un traumático pasado. Los tengo ocultos bajo la alfombra de la obstinación.

90. Intuía que no pintaba nada en su vida hasta dejarme tirado en una exposición. Me quedé a cuadros.

91. Le tenía que decir que había dejado de quererle. Desmenuzamos los días juntos. Le hizo puré.

92. En ocasiones la ilusión la tomamos prestada y ese anticipo puede salirnos caro.

93. Es necesario mirar a los ojos cuando te hablan. Importante saber cómo reaccionan expresando dolor. Imprescindible recoger las velas cuando te envuelvan los nubarrones. Los secretos no cuentan.

94. Aquella lluvia sorpresa cogió desprevenidos a muchos paraguas olvidados. Los que fueron sus dueños los echaron en falta.

95. ¿A dónde van a parar las lentejas que no comemos?

96. No es difícil mantener la conciencia tranquila. Basta con mantener el rostro inerte, el cuello rígido y la mirada encañonada al otro lado.

97. Esa mañana desayuné plátanos y cacahuetes. Con aquella bella mujer que rozó mi coche me anduve por las ramas. Recogí del suelo una servilleta con los dedos de un pie y para celebrarlo golpeé mi pecho con ambos puños. Así pues, al mirarme en el espejo, me vi muy mono.

98. Recuerdo cuando jugábamos a aguantar la respiración. Esta vez te has pasado.

99. Te serví una copa y te fuiste al baño. Tú lo estrenaste. Saliste con una sonrisa, la copa de cava en la mano y el matasuegras en la boca conforme daban las campanadas. «Baño nuevo, vida nueva», comentaste al besarnos.

100. No dar valor a las cosas pequeñas le costó caro.

Humortiguador: que mitiga el mal humor

101. Si cuando menos te lo esperas salta la liebre, es que le falta un tiempo de cocción.

102. La idea falsa de los anuncios, con sus pausas, sus miradas, sus promesas…

103. Se ruega a quien tenga un mal día que se lo quede.

104. Si te escondes entre las sombras, tal vez consigas escapar de las respuestas, pero las preguntas te seguirán acosando.

105. Como le complacía aprovechar las oportunidades, untó la última rebanada sin sentirse culpable.

106. Contento, como unas castañuelas. Con tinto, para tocarlas con alegría. Con tiento, para no pillarse los dedos.

107. Reconozco un mal día en cuanto lo vivo.

108. Les llamaban la RENFE: ella estaba como un tren y él era un vago muy grande, domado en varias ocasiones, un vagón redomado.

109. En ocasiones, la memoria es como un yoyó, que baja y sube, que va y viene, que se queda gravitando unos instantes sobre sí misma, y que en ocasiones se lía, para recogerse y volver a empezar.

110. Primero, las espinas; luego, las rosas; su aroma, más tarde; como epílogo, el siseo del viento.

111. Le gustaba salir a pasear todos los días. Decidía por dónde sobre la marcha. Estuvo enfermo un tiempo. Su pasión por la naturaleza le hizo volver a las andadas.

112. A la gala, ella que era guapísima entró por la cara.

113. Quise atender a su llamada sin que mis oídos estuviesen dispuestos. El pasado te atropella cuando crees estar a salvo.

114. Una mirada furtiva, transparente, se mezcló con la soberbia al ver pasar toda una vida sin darle tiempo a sujetar un solo afecto. Tras mirarse en el espejo, una lágrima turbia se tiró al vacío.

115. Crece el dolor entre quejidos, la luz se reconoce incapaz de esculpir la buena sombra.

116. A lo lejos, con los catalejos, divisó un lago. Descompuso el horizonte y se saltó el arcoíris. Para huir de la realidad se puso a dialogar con el urinario, un retrato del retrete.

117. En ocasiones se detenían en el vaivén de la orilla con el agua a punto de nieve y los huesos de los peces rebuscando su abrigo.

118. Viaja de balde entre armarios, con las puertas siempre abiertas.

119. Vivir sin muchas preocupaciones, alimentar la pasión sin tener que engullir los grumos acunados con los años. En definitiva, sentirme vivo más allá de la congoja.

120. Hola, amiga. Ayer volví a nuestro rincón, el viejo reloj ya no marca las horas. Topé con el mismo paragüero, en la actualidad repleto de bastones. El nuevo dueño ya no saluda con el sonoro «¡buenos, días pareja!». Hasta el café me supo distinto.

Resquehumor: sentimiento causado en el ánimo por algo gracioso

121. Me comentó: «Me ilusiona abrir la puerta y encontrarte al otro lado». Le contesté: «Nunca tocaría el timbre a sabiendas de que no fueras tú quien la abriera».

122. Ayer noche realicé un largo paseo por nuestros sueños. Reconocí a muchos de mis enemigos y tuve que tejer las paces con mis errores. Hoy espero con ansiedad un nuevo crepúsculo, donde deseo verte.

123. Si vocea la suerte, dile que pase; si es la muerte quien te cita, que espere; si es repentina, mira qué suerte.

124. Al caer enferma, froté la lámpara. Como no se curó, saqué el genio.

125. He tatuado en el aire una sonrisa enlutada, diluida en días revueltos, en pérfidos amaneceres, no-

ches insomnes y una luna que languidece sin echarme nada en cara.

126. Creo en firme que la muerte es un mal sueño que no cambia de postura.

127. Merece la pena mantener el amor con todos sus colores. Si su fragancia se marchita, no dejes de admirarlo hasta que te rodee su compromiso.

128. Cada cierto tiempo desaparezco. Me mudo a un lugar recóndito sin el ruido de las palabras, con la esperanza de volver a caminar. Cuando no cojeo, vuelvo a la luz.

129. Sale la luna y se entrega al cometido de ser contemplada, de enamorar, de sanar la pesadumbre.

130. Bailemos por ellos el tiempo que nos quede libre, sin dejar el final de nuestra existencia a la improvisación.

131. Trazo una línea y deseo con esperanza que no se me acabe la tinta hasta llegar a destino, hasta que las burbujas en la comisura de mis labios certifiquen la caducidad de un hombre resuelto.

132. Si no aciertas, ajo y agua. Si estás con dolor de boca, aguardiente. Si te salen piojos, aguarrás. Si no llueve, aguacero. Si suspendes en hidrología, aguacate. Si eres un soso en la piscina, aguafiestas. Si todo te sale mal, aguántate.

133. Llega pronto, interrumpe la marcha, llega tarde, está solo.

134. Esas íntimas conversaciones sin pronunciar palabra, las miradas acompañando a cada paso con pasión, esos besos robados a base de susurros al oído, ¿dónde han quedado y con quién?

135. Siempre he creído que la luz de las estrellas fugaces son esperanzas tardías, que se apagan conforme se incumplen los deseos.

136. No presumían de ser considerados, pues estimaban superfluo acumular certezas si eso les distanciaba.

137. Reloj de cuco empapado en granos de arena, no servías para anunciar las horas y dedicas tu tiempo a llegar tarde a los aplausos. Tu caída en desgracia fue producto de un golpe de mar. Rescatado por las redes

de un pesquero, acabaste tu vejez en la estantería de un soñador.

138. Gracias. Estaría tantas horas recordando, recordándote, recordándonos, escondidos entre los sacos de terapia, atiborrados de deseos, inconclusos los detalles.

139. Aquel reloj, testigo de los pasajes de cada una de nuestras vidas, tuvo un cómplice en el segundero, al que no dimos importancia, el que verdaderamente marcó el momento de tu marcha.

140. Si cuando me refiero a ti no se iluminan mis ojos es que te están recordando, humedecidos.

Hurmético: humor secreto

141. Se le cayeron las cejas, las pestañas, el pelo, los párpados, los dientes, la baba, los pechos, la tripa... Le dijeron que no era de gravedad.

142. Corrió las cortinas, levantó la persiana, abrió la ventana y asomó la cabeza al paso de la paloma. De nuevo, tuvo que lavarse los rubios cabellos.

143. Cayó la noche, ninguna palabra de más. Cayeron las hojas, mi alma quedó desnuda. Callaron los atardeceres, amaneció el cansancio. Eso les pasa a las sombras cuando les golpea la luz.

144. En silencio trajo una muda y mi reacción le dejó sin palabras.

145. Tiene una cojera que sus zapatos rechazan, las arrugas los hacen más viejos. Usa con las ventosidades y alientos de cruel discurso una sordera que su olfato lamenta. Utiliza una miopía que le hace tropezar con amistades mal cosidas, con residuos de vidas recicladas.

146. Salen por la noche los malos auspicios, resuenan las pisadas entre dudas, consuela soñar.

147. Infausto despertar a las orillas del desarraigo por donde pasas la vista en los taciturnos días de soledad. ¿Qué han hecho con tus sueños sin fronteras ahora afligidos? ¿Hasta cuándo los recuerdos soportarán su ausencia?

148. Quiso ver el cielo de múltiples colores, pero no había llovido lo suficiente.

149. Y verla cómo me miraba era un destello en la parte oscura del silencio.

150. «¿Cómo toma el señor el café?». «¡Solo!». Y se marcharon todos de la habitación.

151. Sigo mirando al techo mientras la almohada me cuenta tus secretos. El techo, que se hizo cómplice de tus pesadumbres, el mismo en el que dejaste grabados tus ojos y que cada noche humedece mi espera.

152. Cuando alguien muy querido fallece, la luz que irradiaba se escabulle en silencio y se convierte en un dolor sordo.

153. Esa boca, esos dedos, esas manos, esas noches quedaron *astrofiadas,* bajo la tierra, la luna y las estrellas.

154. Llegado el momento, nuestra mutua ausencia marca el final. La dicha queda estrangulada al resurgir por miedo al fracaso. La senda que me debe llevar al éxito se presenta esquiva.

155. Un mal trago para pasarlo. Un suceso a contrapié para revivirlo. Un sinfín de letanías que asustan al mismo caos y, en esos malos momentos, ronronear hasta acabar borracho de desasosiego.

156. Calzaba unas viejas zapatillas heredadas, con agujeros, sin cordones y sonreía. A su mejor amigo, Pedro, le sangraban los pies.

157. He vivido solo, rodeado de sutilezas. Son los años, que pasan, que pesan, que pisan, que posan, que puse en duda. Ahora vivo solo acompañado de evidencias.

158. Estoy cojo de un pie, la habitación desordenada. También cojeo del otro pie, recojo.

159. Aturdido por el largo viaje, no esperó a que las puertas se abrieran para finalizar aquella tediosa conversación. Estaba acostumbrado a salir por peteneras.

160. Crece el dolor entre quejidos, la luz se reconoce incapaz de esculpir la sombra eterna.

Humoroteca: otra madera de sonreír

161.Vacilante ante su apacible presencia, pensó que era tarde para arrepentirse ahora que llegaba el hastío. Sin querer nombrarla, no lo lamentó mucho, pero la mentó.

162. No se piensa con el corazón, ni debemos luchar contra objetivos inalcanzables, pero poder sentir un apretón de manos o un abrazo mientras nos ventila el rostro la brisa es imborrable.

163. Esa mujer con ojos de tono azulado, como su hija, a su lado, transmitía la sensación de no poder pagar la hipoteca.

164. Me alegro de haber dejado de realizar el ejercicio del pino. Con la cabeza boca abajo se agolpa la sangre y el rostro adquiere un rojo que no sirve para carmenar la conciencia.

165. Era muy reservada, pero, al pedirle al camarero otro tinto por sexta vez, le confesó que en casa tenía para comer alubias verdes.

166. Cada paso que daba le acercaba a la cima. El viento, las piedras y la vegetación presagiaban dificultades; mientras, las nubes mantenían las formas.

167. Podría llegar a ocurrir que de tanto amar tuviera que odiar en pequeñas dosis para que no explotaran sus convicciones.

168. Cuando refresca, me gusta echar la siesta a pleno plumón.

169. Es posible que ya no sea todo igual entre las inhóspitas sombras del qué sé yo. Seguro que sin ti tendré dificultad para descifrar mis dudas.

170. Aunque seas muy bajo, algo me dirás.

171. Cuando nado entre dos aguas, mi mejor amiga me aconseja: «si preparas comida para tres, vete limpiando lo que ensucies».

172. En el cuadrilátero de la vida reflexionaba en el taburete de su rincón. Observó que no existía toalla que tirar, que la campana no tenía badajo, que el cartel que mostraba la chica anunciaba el último asalto.

173. Casi todos los meses me viene bien vivir las aventuras del corazón, no me desmayo.

174. Se valía de números sueltos para sortear la tristeza sin ataduras.

175. ¿Y dónde queda el empeño de dedicarme la palabra sin dirigirme la mirada hasta sentirme ausente?

176. Descubrió que el desamparo también era un juego de niños.

177. Para los malos momentos desearía contar con una pértiga y saber saltármelos. De las caídas al vacío hablaremos otro día.

178. Era tan perfecta que sus defectos parecían postizos.

179. El odio y la muerte corren caminos similares: en ambos casos terminan por no poderte ver.

180. Con la peluca pelirroja, bien maquillada, gafas de sol oscuras y un andar majestuoso, durante el seísmo no parecía que los zapatos de altos tacones le quedaran pequeños.

Rumorología: dicen, comentan

181. Estoy bebiendo de un mundo que ni me emborracha ni me quita la sed. Cada día, como de la soberbia de otros, eructando la mayoría de las veces y escupiendo lo que no soy capaz de masticar.

182. Intuyo tu presencia sin estar conmigo, me lo plantea la vida sin mi aprobación; las huellas en los labios de besos añejos, la mirada sin brillo que acata el final.

183. Al retornar la vida en primavera, debemos reunir los versos indispensables para tensionar los poemas con las emociones.

184. Les dieron los tres cuartos de las tres, que daban a tres diferentes calles.

185. Lengua contra lengua se enredaron, pero se entendieron.

186. Era un hombre reservado, muy reservado. De hecho, se mantuvo soltero hasta confirmar que había encontrado a la mujer de su vida, que, al poco tiempo

de casarse, huyó con su mejor amigo. Atónito, dedicó el resto de su existencia a recortar las puntas a los cruasanes.

187. Oí arrancar las lágrimas de tristeza cuando no tocaba. Comprendo que ha sido lo mejor para que no crecieran las malas hierbas.

188. Me siento triste, me levanto triste. Con diez repeticiones.

189. Cómo observaba la recién nacida a su madre, la vaca, con qué ternura.

190. Pendiente de que no se me agotara el criterio, traspasé la viscosa línea del circunloquio.

191. Unto en el barro. Barrunto.

192. Si ponemos borraja con agua en una cazuela y no encendemos el fuego, puede quedar todo en agua de borrajas.

193. Recuerdo cuando contigo lucía mi lado dulce y resuelto, para que no descubrieras que en todo monedero puede existir una moneda falsa.

194. Proyectábamos los pensamientos de un modo similar, pero ella los exponía en sociedad con sumo acierto.

195. Miro a su alrededor y lo que veo está en desorden, sucio, arrugado. Hay personas a las que se las entiende mejor sin palabras.

196. No puedo evitar que salga el sol, pero sí quemarme. Buscaré una sombra hasta que se asome la luna.

197. Me ayudáis mucho estando siempre cerca. Sois ligeros y me mantenéis a flote; a los pesados los dejo alejarse, pueden hundirme.

198. Sus pensamientos eran tan profundos que no le daba tiempo a cavar.

199. Vivir la soledad no es sinónimo de estar solo. Acompañado, también la sientes. Se incrusta en cada uno de los huesos que ha ido dejando la frustración a lo largo de la vida.

200. En ocasiones, recuerda que de niño no conseguía realizar de modo correcto sumas, restas, multiplicaciones y divisiones. Se esforzó mucho y hoy en día

es uno de los mejores cirujanos del país, contando con el mayor éxito en las operaciones.

Humortigas: malas hierbas de la familia de las urtirrancias

201. Me desperté convencido de que ya había llorado lo suficiente. Entre los encargos de última hora me dispuse a contar las estrellas; las sonrientes, las heridas, las mutiladas, las que estaban exhaustas.

202. Es fácil pasar página cuando sopla el viento a favor.

203. Tenía la piel tan dura que se volvía esponja cuando se iniciaban los halagos.

204. Ahora descubro que hay personas que mienten por hábito y por molestar, no solo por necesidad.

205. Le entraron náuseas al verlo salir por la ventana. El engaño se había consumado; el amor, consumido.

206. Le llamó la atención el avasallador desorden que imperaba en aquella lúgubre alcoba. Hasta las ara-

ñas tejían sus arpas de seguridad cada día en un rincón diferente. Vaya enredo.

207. Aquel fatigado reloj vivía con dos días de retraso. No les preocupaba, no harían juntos el viaje de vuelta.

208. Aquella tarde se estaba aburriendo tanto que se puso a jugar a los dardos; después, al parchís; más tarde, a la oca, hasta llegar a acabar con el ajedrez. No dejó una sola pieza sin destruir.

209. Exhausta, te desmoronas entre los olores y colores del otoño. Relames lo buenos momentos, remites los malos a una dirección ilusoria. Reclutas a todas tus fuerzas y farfullas la palabra wabi–sabi[1].

210. Normalmente, si hablan de ti a base de elogios o, por el contrario, te ponen a caldo, has fallecido o no te conocen.

211. Para ponerme al día, necesitaré una noche. ¿O es tarde?

---

[1] Aprender a aceptar la imperfección.

212. He tenido mucho tiempo para gimotear, estoy seco. Doblo una a una las campanas de la evocación del llanto, de no saber qué hacer con las entrañas. Ahora me siento liberado para ajustar las cuentas que siempre me han salido a pagar.

213. Ese dolor de muerto que impregna pasillos y habitaciones no deja de recordarnos que el final siempre llega el último.

214. Suena la lira, sueña que suena una lira, sueña con la música, delira.

215. Una vez más, se durmió con el bostezo de buenas noches.

216. Te quiero, aunque no te pueda ver.

217. Tras la comida a base de queso fuerte, ajo y vino, tuvo que salir disparada a trabajar. Chupó un caramelo mentolado para solucionar el mal sabor de boca. Con tantas carreras hizo un alto en el camino. El esfuerzo se lo exigía. Tras unos minutos, otro caramelo y recuperó el aliento.

218. Apuesto a que en la puesta de sol el joven apuesto ha puesto en la arena, dispuesto a no pagar impuestos, un puesto de refrescos.

219. Se deslizó por una desconocida pendiente. Frenó en seco y dio la vuelta. Le faltaba curiosidad para tanto misterio.

220. Si tienes pocas luces, no me desvelas.

221. Se me introdujo en la cabeza un absurdo propósito: lograr comprenderla. Hice todo lo que pude, pero me rendí. Fría, lenta, ausente. No logré doblegarla y decidí desenchufar la sandwichera.

222. La galleta que se pide por su número.

II

ANUNCIOS FALSIFICADOS

«No hay nada que revele con tanta claridad
el carácter de una persona
como la broma que lo ofende».

G. G. Lichtenberg

1. Se necesitan plañideras durante los fines de semana para atender a un Sauce Llorón.

2. Se ofrece pastor alemán para custodiar convento. Las diez primeras confesiones, gratuitas.

3. Se traspasa ultramarinos por cuestiones ideológicas.

4. Se ofrece espía con problemas de corazón. Especializado en soplos.

5. Se necesita una profesora de claqué para Asociación de Personas Nerviosas.

6. Se busca guardabosques. Abstenerse los apellidados Cienfuegos y graciosos con chispa.

7. Se necesitan personas vengativas para trasplantes de córneas.

8. Cocinera de restaurante chino de 50 años desea conocer a hombre de edad similar antes de que se le pase el arroz.

9. Para el Programa de Nuevos Empleos y Oportunidades para Jóvenes se solicitan controladores de aeropuerto. Imprescindible que no estén colocados.

10. Prestigiosa firma de moda de línea femenina necesita modelos para trajes de chaqueta. Abstenerse sudamericanas.

11. Se necesitan especialistas muy flexibles para el doblaje de películas.

12. Abogado de garantía se ofrece a personas que hayan perdido el juicio.

13. Empresa de asientos para autobuses, necesita especialistas de cualquier punto de España. Para el desplazamiento cuentan con nuestro respaldo.

14. Estudios cinematográficos para rodar película de misterio necesitan persona poco recomendable, muy tacaña, muy tacaña, para hacer de mala con avaricia.

15. Fábrica de pan rallado necesita personal, personal, personal, personal, personal, personal

16. Se contratan mujeres que se encuentren en la cárcel, para industria de mantenimiento de presas. Abstenerse aficionadas a las fugas.

17. Destacado torero necesita especialista en retratos al óleo.

18. Empresa de investigación marina necesita buceadores. Abstenerse personas superficiales.

19. Empresa de residuos especializada en plástico y cartón necesita personal comprometido para echar el resto.

20. *Pub* especialista en combinados necesita camareros de refresco.

21. Se regala entrada del laberinto por no encontrar la salida.

22. Oportunidad. Alquilo tienda de ropa al kilo.

23. Empresario cede su parte en empresa familiar de papel higiénico. Sin malos rollos.

24. Empresa de relumbrón, puntera en productos de limpieza, necesita jefe de seguridad. Imprescindible expediente sin mancha.

25. Conjunto musical necesita cantante, cobarde y engañador, especializado en falsetes.

26. Empresa de baterías para transistores necesita con urgencia personal especializado. Interesados dejen el currículum en recepción con su nombre de pila.

27. Se necesita personal con muy mal carácter, que estalle con facilidad, para fábrica de crispetas.

28. Para compradores audaces se venden casas unifamiliares, sin entrada.

29. Importante periódico a nivel nacional precisa un redactor con gran sentido del humor para noticias contrastadas.

30. Empresa puntera en el mundo de la moda necesita una profesional con experiencia y buen gusto, para renovar la empresa. Se precisa que sea su gerente.

31. Para Asociación de Gordos Anónimos se necesitan personas con muy buena suerte.

32. Empresa constructora de prestigio internacional necesita personal para realizar varias obras. Abstenerse actores.

33. Organización dedicada a la propagación de las buenas maneras y costumbres convoca a todas las personas de bien. Tras negociar la cita, se ruega que no falten.

34. Fábrica de sal, para su laboratorio de alimentación, necesita comensales.

35. Empresa logística, especializada en distribución a domicilio, precisa actores y actrices de reparto.

36. Estudio de cine necesita ladrón ronco para interpretar cacofonías.

37. Se vende carroza con pocos kilómetros, convertible en calabaza. Se atiende a las 12 de la noche. Se ruega puntualidad.

38. Se vende consolador de madera por no poder atender. Precio a convenir. Se regala libro con las 100 mejores mentiras. Atiende Pinocho.

39. Perdida espada de gran valor sentimental. Se recompensará la entrega. Preguntar por Damocles.

40. La empresa de Santiago Valiente, padre e hijos (Arantxa, Asier, Cristina, Elena, Inmaculada, Isabel, Koldo, Maite, María, Sagrario, Tasús, Trini y Alfredo), precisa recortador profesional para su renombrada sección de profilácticos.

III

POESÍA RISUEÑA

«Nunca vayas a un doctor cuyas plantas de la
consulta se han muerto».
Erma Bombeck

Engañas

Me gustan tus formas,
manzana.
No tienes frío,
aunque te desnude
esculpiéndote
bocado a bocado,
piel y carne.
Llego primero
a los pulmones,
más tarde
al corazón.
Lo que me desconcierta,
manzana,
es que tengas rabo.

Prioridades

No siento remordimiento
si me apresto
a comerme una fresca merluza
que acabo de saludar
de modo coloquial
al irrumpir en el mercado.
La he visto
viva y coleando,
segada su vida
por seco corte.
Aun así, me la como
con patatas.

Como tampoco
guardo rencor
a los gusanos,
que temprano
o tarde
me dejarán en los huesos.

Entre líneas

Qué cuernos,
qué coño,
qué mierda
está pasando con los cruasanes,
las compresas,
el papel higiénico
que tanto se han encarecido.
Hasta los huevos…

No porque seas de lima tienes que llevar las uñas cortas

No te obligues a obedecer
en contra de tus creencias,
ni saques a relucir
lúgubres planteamientos.
No dejes que se apropien
de tus ideas, de tus actos.
Lucha por lo que quieres
sueña sin titubeos,
dejando pasar la vida
entre truenos y desenlaces.
Si prefieres la noche,
atesora durante el día
toda la fuerza que se distrae
de tu alma pura.
No permitas que te vendan
como vulgar objeto que se destruye.
No porque seas de Lima
tienes que llevar las uñas cortas.

Aprender a vivir

Desde aquel instante
en el que la joven dama
retiró con altivez
su mirada de la mía
y, al mismo tiempo,
otra mujer
bien conservada
entrada en años
me observó
con comprensión y deseo,
llegué a la conclusión
de que siempre viviría
a las duras y a las maduras.

Vaivén

Dame más fuerte,
que me gusta;
aprieta las correas con solidez;
asegúrate de que las cadenas estén tirantes;
hazme ver las estrellas
hasta que los ojos
destilen placer
por la fuerza del viento.

Nunca se me olvidarán
las tardes que pasamos en este columpio.

El sarcófago de los esposos (Écfrasis)

Sarcófago de los esposos, siglo VI A. C.
Museo Nacional Etrusco de Villa Giulia, Roma

Los observo y me pregunto
de qué se reían
cuando, partidos por la cintura,
un desconocido los inmortalizaba
                    mitad a lo etrusco,
            mitad a lo griego.

Me gusta imaginar su conversación...

                en el posado,
        en el pasado.

Pudiera ser que el esposo se quejara
de que le habían quitado la copa,
la mano sobre el hombro de ella lo atestigua;
pudiera ser que la esposa le reprochara
una, dos, hasta tres veces,
que le había copiado el peinado.

Confianza

A Violeta

Confianza es preguntar
si tiene un vibrador en la mesilla,
colocar los pies desnudos en su espalda,
aunque hielen,
tirarse un pedo bajo el edredón
sin arrepentimiento,
conforme le dices «te quiero».

Confianza es comerte la última croqueta
sin preguntas,
limpiar la cucharilla del postre
a lengüetazos,
metiéndola más tarde en su café,
estornudar sin protección
cuando desayunas cereales.
Confianza es afeitarte
mientras él se depila,
ducharte con la mampara abierta
cuando hace pis de pie,
ponerte el rímel

cuando se quita los pelos de la nariz.
Confianza es poder mentirle
y luego rectificar,
sonriendo abiertamente,
autorizada a darle explicaciones
sin gritos ni lloros
a causa del enredo.
Confianza es poder robarle un beso
cuando más disgustado está,
cuando tiene encapotada la mente
y le deslumbra tu osadía.

Es saber que te atrapará
cuando saltes al vacío.

Remate final
de Santiago Elso Torralba

Vi un anuncio en el periódico que decía:

Se necesita epiloguista puntilloso que sepa cómo decir siempre la última palabra, cómo ponerle punto final a un libro y, ya de paso también, cómo colocar los puntos sobre las íes para darle así la puntilla al autor.

Me presenté y me contrataron. Y por eso estoy aquí, para cumplir lo pactado, y para decir que Alfredo Pereg Ibero cree, erróneamente, haber escrito un libro lleno de chanzas, bromas, chistes, disparates y graciosidades. Pero yo afirmo que ha escrito, en cambio, un libro muy serio.

La seriedad y la hondura son atributos que algunos siempre exigen a los aforismos y a los poemas. Ignoran que no pocos de los más célebres textos de la historia de la literatura lo han sido por su ligereza y sus alardes lingüísticos. Sería absurdo sostener que solo son admirables las palabras que nos ahondan en graves cavilaciones. De ser así, ¿a qué secundario rincón deberíamos relegar las greguerías de Gómez de la Serna, o los jocosos poemas de los vates del Siglo de Oro español? Solo porque nos entretuvieron y grabaron una sonrisa en nuestros labios, ¿debemos considerarlos textos menores?

Tú, lector, sabes que el libro que acabas de leer no está exento de empaque porque provoque divertimento y regocijo, ni está menos provisto de ingenio, inteligencia o sensatez que otros que presumen de ser circunspectos; has advertido que no hay tristezas ni pesadumbres en él, sino un puñado de máximas y de versos que se suman a aquellos cuyo afán no es otro que el de entretenernos; y tal vez hayas, como yo, encontrado entre líneas algo no menos valioso que lo que contienen los supuestos libros serios: la súbita revelación de quiénes somos. Sí, porque estos textos de Alfredo Pereg Ibero, como el laberinto de espejos deformados que hay en ferias y parques de atracciones, nos devuelven una imagen grotesca de lo que somos y hacemos; pero, al mismo tiempo, vierte sobre nosotros una luz que nos hace más nítidos, más verdaderos, porque rompe la cáscara de nuestras mentiras y nos desviste de toda insensatez. El humor, ese bálsamo que nos alivia de los sinsabores del mundo, es la mano amiga que desatraílla la correa que nos ata a la enfermiza seriedad. Solo entonces, desnudos y libres, podemos vernos tal como somos, y reconocernos.

No son pocas, lector, las cosas que has descubierto en estas hojas: encontraste casi cualquier fantasía en la desopilante lista de sus anuncios falsificados, protestaste con el autor por la intolerable subida de todos los precios, o supiste que, increíblemente, prosiguen las risas de los cómplices esposos etruscos que se carcajean aún desde su sepulcro. Tanto o más que un sesudo tratado filosófico, las frases cortas e ingeniosas que aquí has leído ayudan a contemplar cara a cara la vida, y a comprenderla. Y tú, que las has leído, que las has disfrutado y que has advertido que el libro de Alfredo Pereg Ibero no es sino una licuadora de palabras cuyo jugo alimenta y enriquece con alegría tu espíritu, comprendes, al fin, que un libro así no merece un punto final, sino acaso la continuación que siempre nos prometen unos puntos suspensivos.

Índice